Susanne Zozmann

Die Grenzen der Jugendgerichtshilfe – Das Dilemma zwischen Erziehung
und Strafe

Susanne Zozmann

# Die Grenzen der Jugendgerichtshilfe – Das Dilemma zwischen Erziehung und Strafe

GRIN Verlag

Bibliografische Information Der Deutschen Bibliothek: Die Deutsche
Bibliothek verzeichnet diese Publikation in der Deutschen Nationalbibliografie;
detaillierte bibliografische Daten sind im Internet über http://dnb.ddb.de/
abrufbar.

1. Auflage 2008
Copyright © 2008 GRIN Verlag
http://www.grin.com/
Druck und Bindung: Books on Demand GmbH, Norderstedt Germany
ISBN 978-3-640-30486-8

# Inhaltsverzeichnis:

0

# I. Einleitung

Mit der Entstehung der Jugendgerichtshilfe (JGH) im Jahre 1882 wurde eine Instanz der sozialen Arbeit geboren, die mit widersprüchlichen Aufgaben und Erwartungen wie keine Andere konfrontiert ist. Die JGH soll, mit der Rolle eines doppelten Mandats gestraft, als Repräsentant der Jugendgerichtshilfe junge Menschen in ihrer individuellen und sozialen Entwicklung fördern und so den Ansprüchen des Jugendgerichtsgesetzes (JGG) nach Herausbildung einer eigenständigen und gemeinschaftsfähigen Persönlichkeit gerecht werden, sodass sie im Rahmen der Jugendhilfe als helfende Institution anzusehen ist. Zugleich ist sie aber als Ermittlungsinstanz eingebettet in ein strafendes Kriminalsystem, welches dem Jugendlichen die Falschheit seiner Tat verdeutlichen möchte durch das Mittel der Sanktionen. Folglich ist die JGH als personifizierte Widersprüchlichkeit von Erziehung und Strafe ein Element des Jugendstrafrechts, welches neben den Anspruch zu Strafen unter einem notorischen Erziehungswahn leidet. Die „Bindegliedstellung" zwischen Justiz und Pädagogik ist zudem das Verhängnis der JGH und soll in der vorliegenden Arbeit unter Anderem thematisiert werden.

Hinter dem Titel „Die Grenzen der Jugendgerichtshilfe – das Dilemma zwischen Erziehen und Strafen" verbirgt sich der Gedanke, mit Hilfe der Doppelpositionierung die daraus resultierenden Probleme beziehungsweise Grenzen ersichtlich zu machen, wobei der eben genannte Anspruch, eine Instanz zu schaffen, die zugleich Straffvollzieher als auch Erzieher ist, das eigentliche Übel aller auftretender Defizite nach sich zieht. Um die Widersprüchlichkeit zu verdeutlichen ohne den Leser sofort in die Problemlage zu werfen, soll zu Beginn eine allgemeine Betrachtung der Entstehung der JGH und der damit verbundenen Erwartungen aufgestellt werden. In einen zweiten Schritt wird auf die im § 38 JGG verankerten Aufgaben und Pflichten zu verweisen sein, anhand derer sich bereits Schwachstellen und Widersprüchlichkeiten zeigen. Im dritten Punkt wird kurz die Funktion der JGH angerissen, die sich aus der Gesetzeslage ergibt. Bevor es um die Grenzen geht, ist es notwendig, den erzieherischen Anspruch und die daran gebundenen Maßnahmen zu hinterfragen, da diese ein Teil des eigentlichen Dilemmas ausmachen. Innerhalb des Gliederungspunktes werden darüber hinaus einige erzieherische Maßnahmen, wie beispielsweise der Täter-Opfer-Ausgleich und die sozialen Trainingskurse, genauer beleuchtet und eine Kurzuntersuchung in Hinblick auf deren Effektivität beziehungsweise erzieherischen Gehalt angestellt. Letztendlich soll im Fünften Gliederungspunkt, den Grenzen der JGH, eine kritische Auseinadersetzung erfolgen, die sich auf die Zeit, die fachliche Kompetenz und das Zeugnisverweigerungsrecht betreffende Probleme bezieht. Ebenso soll das wohl größte Übel

der JGH, dass der Zwischenstellung zwischen Erziehen und Strafen und der damit verbunden Kluft zwischen Freiwilligkeit und Zwang, thematisiert werden.

Eigentlich ist es üblich, nach so einer Betrachtung eine Zusammenfassung oder ein Resümee zu erstellen, was meines Erachtens bei der Thematik nicht angebracht ist, da es der Sache einer kritischen Auseinandersetzung mit dem Thema der Grenzen nicht dient. Vielmehr möchte ich den Versuch unternehmen, die Problematik in einer abschließenden Kritik nochmals hervorzuheben und dies darüber hinaus mit einer Zukunftsprognose für das Arbeitsfeld der JGH zu verbinden.

## II. Hauptteil

### II. 1. Allgemeines – die Entstehung und Notwendigkeit der Jugendgerichtshilfe (JGH)

In den 80er Jahren des 19ten Jahrhunderts wurde erstmals die Anzahl straffällig gewordener Jugendliche separat in der Reichskriminalitätsstatistik aufgelistet. Im Laufe der Zeit ließ sich mit genannter Erhebung eine dramatische gesellschaftsschädliche und staatsbedrohende Entwicklung der jugendlichen Kriminalität und Rückfallskriminalität nachweisen, „[…] deren Ursachen im Versagen der sozialisatorischen Instanzen (Familie, Schule, soziale Umwelt) sowie in der Ineffektivität und Kontraproduktivität des staatlichen Strafverfolgungssystems verortet wurden"[1], was zwangsläufig dazu führte, dass der Jugendliche in den „Mittelpunkt (eines) sich ausdifferenzierenden und spezifizierenden Systems der Sozialdisziplinierung"[2], rückte. Die so genannte „Jugendfrage" wird im Zuge der 80er Reformbewegung zunehmend kultiviert, woraus gleichwohl die Perspektivenerweiterung des Tatstrafgerichts durch das Strafverfolgungssystems erfolgte, da das zentrale Thema der Jugendgerichtsbewegung nun in der Betrachtung von „Erziehen und Strafen" oder besser gesagt „Erziehen versus Strafen" gipfelt und mit dieser Forderung die Assoziation verbunden ist, den Jugendlichen Täter nicht nur zu Strafen, sondern im gleichen Atemzuge ihn ebenso zu erziehen, weshalb man auch häufig von einen Erziehungsnotstand spricht, wenn man sich die Kriminalitätsentwicklung vergegenwärtigt.

Das Resultat dessen besteht in einer verstärkten Hinwendung zum (jugendlichen) Täter, doch um dem erzieherischen Anspruch gerecht zu werden, ist es notwendig, die Persönlichkeit des Straftäters genauso wie seine Lebensverhältnisse zu erforschen, um festzustellen, inwieweit ein jugendliches Vergehen vorliegt und welche erzieherischen Maßnahmen geeignet sind. Es wurde also eine Instanz benötigt, die durch den Aufbau einer Vertrauensbasis in der Lage ist,

---

[1] vgl. Müller 2001, S. 94.
[2] vgl. Müller 2001, S. 94.

unabdingbare Informationen zu liefern, was die Geburt der Jugendgerichtshilfe als Ermittlungsinstanz nach sich zog.

Die JGH fungiert dabei als eine Art Bindeglied zwischen dem Jugendstrafrecht als Sonderrecht und dem Jugendhilferecht, da sie (die JGH) in beiden rechtlich verankert ist.[3] Die rechtliche Stellung im Jugendstrafverfahren schlägt sich ebenfalls an zwei verschiedenen stellen nieder, nämlich im Kinder- und Jugendhilfegesetz (KJHG) als auch im Jugendgrundgesetz (JGG), welche zu gleichem Maße den rechtlichen Rahmen als auch die sozialpädagogische Norm in der Praxis liefern. Die Brückenstellung zwischen Justiz und Pädagogik ist es aber, die der JGH zum Verhängnis wird, denn die Aufgaben, die sie zu erfüllen hat, strotzen vor Widersprüchlichkeiten, weshalb diese nun genauer zu beleuchten sind.

**II. 2. Die Aufgaben und Rechtsstellung der Jugendgerichtshilfe:**

Die Aufgaben der JGH sind aufgrund ihrer Sonderstellung sowohl im JGG als auch im KJHG präzisiert. Auf eine Gegenüberstellung der beiden Paragraphen soll an dieser Stelle verzichtet werden, da beide an späterer Stelle noch ausführlicher betrachtet werden. Dennoch muss erwähnt werden, dass die Verankerung an den zwei verschiedenen Stellen eine noch unüberwindbare Notwendigkeit darstellt, denn während der § 38 des JGG die allgemeinen Aufgaben der JGH regelt, scheint das KJHG die rechtliche Stellung der JGH kund zu geben. Interessanterweise spricht das KJHG nie von Jugendgerichtshilfe sondern verwendet die Begrifflichkeit der Jugendhilfe, um zu verdeutlichen, dass die JGH lediglich ein Teil der Jugendhilfe darstellt, die den Zielen und Standards der sozialen Arbeit verpflichtet ist.

Es wäre nun ein leichtes, eine Auflistung der Aufgaben auf der Basis des § 38 vorzunehmen, doch dies ist zu vermeiden, denn mit einer belanglosen Aufzählung wäre dem, was die JGH zu leisten hat, nicht Rechnung getragen. Vielmehr soll mit der Wiedergabe der gesetzlichen Verankerung gleichzeitig eine kritische Auseinandersetzung verbunden sein in Bezug darauf, inwieweit die JGH in der Lage ist, die benannten Aufgaben zu erfüllen und welchen Widersprüchlichkeiten sie dabei gleichwohl ausgesetzt ist.

Zunächst einmal werden die Aufgaben der JGH in der Literatur in die Mitwirkungsrechte, Beteiligungsrechte und verfahrensbegleitende Aufgaben unterteilt, was ich bei der folgenden Betrachtung beibehalten möchte, aber auch die speziellen Arbeitsgebiete der Instanz werden angesprochen, die jedoch nur am Rande der Vollständigkeit halber Erwähnung finden sollen, da sie für die weiteren Betrachtungen nicht von Relevanz sind.

---

[3] vgl. Müller 2001, S. 94.

II. 2. 1. Die Mitwirkungsrechte der Jugendgerichtshilfe und die damit verbundenen Aufgaben:

Die „unausgesprochene" aber wohl eine der wichtigsten Aufgaben der JGH besteht darin, den Jugendlichen zu einer Auseinandersetzung seiner Einzelfallperspektive mit der Perspektive der gesellschaftlichen Rechtsnorm zu motivieren, um im Rahmen einer rationalen Konsensfindung eine tragfähige Beziehung des Jugendlichen zur Gesellschaft aufzubauen.[4] Die Erfüllung des eben Genannten ist aber an sich nicht eine bloße Tätigkeit der JGH, wodurch deutlich wird, dass sie lediglich Eines von einem Sammelsurium an Teilen der Jugendhilfe ist. Mehr oder minder stark verdeutlicht das der erste Absatz des § 38, in dem es heißt: „Die JGH wird von dem Jugendämtern im Zusammenwirken mit den Vereinigungen für Jugendhilfe ausgeübt."[5] Im gleichen Atemzuge bedeutet das aber auch, dass die JGH die Möglichkeit hat, dem Jugendlichen innerhalb des Verfahrens das gesamte Spektrum des Leistungsprogramms der Jugendhilfe anzubieten, allerdings mit dem kleinen Haken, dass materielle Leistungsvoraussetzungen und geeignete Hilfen vorliegen müssen. Folglich kann die JGH zwar Hilfe anbieten, aber nur dann, wenn ein erzieherischer Bedarf an Hilfe sichtbar geworden ist und die Voraussetzungen und Bedingungen des SGBVIII, insbesondere des § 13, der die Art und Anwendung von Zuchtmitteln regelt, oder des § 27, der die Voraussetzung zur Aussetzung der Verhängung der Jugendstrafe zum Gegenstand hat, erfüllt sind.

Um zu entscheiden, ob der §13 oder § 27 Anwendung finden sollte, muss die JGH „[…] die erzieherischen, sozialen und fürsorgerischen Gesichtspunkte im Verfahren vor dem Jugendgerichten zur Geltung"[6] bringen. Zu diesem Zwecke unterstützen sie „die Beteiligten durch die Erforschung der Persönlichkeit, der Entwicklung und der Umwelt des Beschuldigten und äußern sich zu den Maßnahmen, die zu ergreifen sind."[7]

Der eben genannte Absatz ist meiner Meinung nach einer der heikelsten und widersprüchlichsten in sich. Aufgrund der Erforschung der Persönlichkeit des Jugendlichen und der damit verbundenen Darstellung des Berichtes liegt es nicht mehr in den Händen des Jugendlichen, seine biografischen Daten zu nennen, sondern in denen der JGH. Nicht nur der drastisch minimierte Redebeitrag des Klienten über seine Lebensverhältnisse, die zur Findung einer geeigneten Sanktion beitragen, ist problematisch, sondern vielmehr ins Gewicht fällt das verschobene Persönlichkeitsprofil, welches die JGH erstellt. Die Berichte basieren häufig auf einem einmaligen Gespräch, sodass eine kurze, lapidare, pädagogisch nichts sagende, unausgewogene, diagnostisch wertlose und nicht selten kompetenzanmaßende und stigmatisierende Persönlichkeitsanalyse vorliegt, die zu allem Überfluss auf Bitten des

---

[4] vgl. Müller 2001, S 118.
[5] vgl. Jugendrecht 2004, § 38 Abs. 1.
[6] vgl. Jugendrecht 2004, § 38 Abs. 2 Satz 1.
[7] vgl. Jugendrecht 2004, § 38 Abs. 2 Satz 2.

Richters hin so kurz und knapp wie möglich gehalten wird.[8] Aber auch das ist noch nicht genug, denn vorliegende „angebliche" Erziehungsdefizite werden in Form von Behauptungen ausgesprochen, wobei allerdings deren Relevanz für die aktuelle Tat nicht hervorgehoben wird, sodass, meines Erachtens, kaum ein richtiges Strafmaß für den Jugendlichen gefunden werden kann.

Man könnte nun behaupten, dass die JGH Schuld daran trage, dass eine insgesamt negative Bilanz der Personenforschung bestehe, was aber nur teilweise der Fall ist. Natürlich ist in einigen Fällen fachliche Inkompetenz die Ursache, aber die Unmengen an Fällen pro Jugendgerichtshilfemitarbeiter im Jahr sowie die übersteigerten Erwartungen des JGG dürfen nicht vergessen werden. Auch die Aufgabe „in Haftsachen beschleunigt über das Ergebnis ihrer Nachforschungen"[9] zu berichten, geht zu Lasten eines qualifizierten Persönlichkeitsprofils. Positiv hingegen ist, dass der Vertreter der JGH in die Hauptverhandlung entsandt werden soll, der die Nachforschungen angestellt hat.[10] Gesetzt dem Fall, diese Forderung entfalle, so läge ein noch verquereres Personenbild vor, als es ohnehin schon oftmals der Fall ist. Darüber hinaus ist es möglich, dass das Vertrauen des Jugendlichen zu dem Jugendhilfemitarbeiter schwindet, aufgrund dessen, dass ihn „sein Betreuer" in „schwierigen" Situationen alleine lässt.

Alle übrigen Aufgaben, die der § 38 der JGH auferlegt, zeigen, dass die JGH früher oder später an ihre Grenzen stoßen muss. Es wird von den Mitarbeitern erwartet, dass „ […] soweit nicht ein Bewährungshelfer dazu berufen ist sie darüber wachen, dass der Jugendliche Weißungen und Aufgaben nachkommt[11], dass sie den Richter erhebliche Zuwiderhandlungen mitteilen[12], dass sie im Fall der Unterstellung nach § 10 Abs. 1 Satz 3 Nummer 5 die Betreuung und Aufsicht ausüben, wenn der Richter nicht eine andere Person damit betraut."[13] Darüber hinaus sollen sie (die Jugendgerichtshilfemitarbeiter) „ […] während der Bewährungszeit eng mit dem Bewährungshelfern zusammen arbeiten"[14] und während des Vollzugs mit den Jugendlichen in Verbindung bleiben und sich seiner Wiedereingliederung in die Gesellschaft annehmen.[15] Wenn man die genannten Aufgaben betrachtet, erkennt man schnell, was dies für eine immense Zeitaufwendung für einen Fall darstellt, davon mal abgesehen, dass ein Jugendgerichtshilfemitarbeiter mehrere Fälle zu betreuen hat. Folglich ist es nicht verwunderlich, dass der JGH häufig mangelnde Vorbereitung und Inkompetenz

---

[8] vgl. Müller 2001, S 99.
[9] vgl. Jugendrecht 2004, § 38 Abs. 2 Satz 3.
[10] vgl. Jugendrecht 2004, § 38 Abs. 2 Satz 4.
[11] vgl. Jugendrecht 2004, § 38 Abs. 2 Satz 5.
[12] vgl. Jugendrecht 2004, § 38 Abs. 2 Satz 6.
[13] vgl. Jugendrecht 2004, § 38 Abs. 2 Satz 7.
[14] vgl. Jugendrecht 2004, § 38 Abs. 2 Satz 8.
[15] vgl. Jugendrecht 2004, § 38 Abs. 2 Satz 9.

unterstellt wird, doch vielleicht sollte man ihnen zu Gute halten, dass sie bei einem sehr knapp bemessenen Zeitbudget überhaupt noch in der Lage zu sein scheinen, alle Fälle zu bearbeiten. Das Hauptproblem der JGH scheint allerdings im letzten Teil des § 38, dem Absatz 3, verankert zu sein. „Im gesamten Verfahren gegen einen Jugendlichen ist die JGH heranzuziehen. Dies soll so früh wie möglich geschehen."[16] Vergegenwärtigt man sich die Anzahl der Straftaten, die von Jugendlichen begangen werden und die Dauer, die für eine angemessene Betreuung benötigt wird, so ist ersichtlich, dass es entweder einer Unzahl an Mitarbeitern bedürfte, oder aber die JGH nicht in jedem Fall mit einbezogen werden sollte, sondern nur in solchen, in denen ihre Anwesenheit unabdingbar notwendig ist; zumal die genannten Rechte und Aufgaben noch nicht das gesamte Spektrum der JGH widerspiegeln. Auch die Beteiligungsrechte stellen eine zusätzliche Belastung in Bezug auf die Vorbereitung dar.

## II. 2. 2. Die Beteiligungsrechte:

Die Beteiligungsrechte der JGH stützen sich auf die Paragraphen 50, 70ff. und 109 des JGG und sind eng mit den Bestimmungen des § 38 verknüpft.

Zunächst einmal kommt der JGH ein Informationsrecht dahingehend zu, dass sie Ort und Zeit der Hauptverhandlung mitteilen darf[17] und ein Recht auf die Unterrichtung von Einleitung und Ausgang des Verfahrens[18] besitzt, beziehungsweise Mitteilungen geben darf über den Erlass und die Vollstreckung eines Haftbefehls beziehungsweise der vorläufigen Festnahme.[19]

Um dem Anspruch der Informationsrechte zu genügen, muss durchaus eine kooperative Basis zwischen allen im und am Verfahren Beteiligten aufgebaut werden, was neben viel Zeit eines hohen Engagements der Mitarbeiter bedarf, die allerdings aufgrund von Überforderungssituationen jeder etwaigen Art von zusätzlicher Kraftaufwendung aus dem Weg gehen, sodass häufig nur das „Recht auf Anwesenheit in der Hauptverhandlung"[20] wahrgenommen wird. Das Anhörungs- und Äußerungsrecht nimmt innerhalb der Mitwirkungsrechte eine Art Sonderstellung ein, da es sowohl ein dienliches, als auch abschaffungsbedürftiges Recht darstellt, was an späterer Stelle genauer zu erläutern ist. Zunächst soll genügen, dass der Leser weiß, dass man ein Recht auf Äußerung in jedem Verfahrensstadium, insbesondere in Hinblick auf die zu ergreifenden Maßnahmen[21] sowohl im informellen Verfahren, in der Hauptverhandlung[22], wie auch danach, zum Beispiel vor

---

[16] vgl. Jugendrecht 2004, § 38 Abs. 3.
[17] vgl. Jugendrecht 2004, § 50 Abs. 3 Satz 1.
[18] vgl. Jugendrecht 2004, § 70 Satz 1.
[19] vgl. Jugendrecht 2004, § 72a Satz 1.
[20] vgl. Jugendrecht 2004, § 50 Abs. 3 Satz 1 & § 48 Abs. 2 Satz 1.
[21] vgl. Jugendrecht 2004, § 38 Abs. 2 Satz 2 & Abs. 3 Satz 3.
[22] vgl. Jugendrecht 2004, § 50 Abs. 3 Satz 2.

nachträglichen Entscheidungen über Weißungen und Auflagen[23], oder vor Vollstreckung des Jugendarrestes[24], hat.

Neben den so genannten Verkehrs- und Umgangsrechten mit den Jugendlichen gibt es für die JGH keine weiteren verfahrensrechtlichen Bestimmungen darüber hinaus; vor allem das Recht, selbstständig Rechtsmittel einzulegen und das Recht der Zeugnisverweigerung ist nicht vorhanden, was dazu führt, dass „ [...] der JGH die wesentlichen Rechte einer von ihr mitunter reklamierten Anwaltsrolle"[25] fehlen.

Ein nächstes großes Arbeitsfeld der JGH ergibt sich aus dem weit gefächerten Spektrum der verfahrensbegleitenden Aufgaben, die allerdings nur selten in die Arbeit mit straffällig gewordenen Jugendlichen einbezogen werden, weshalb sie ebenso wie die daraus abgeleitenden speziellen Arbeitsgebiete nur kurz genannt werden sollen.

### II. 2. 3. Die verfahrensbegleitenden Rechte:

Zu dem Katalog an möglichen Aufgaben zählen neben der Beratung, informellen Betreuung und unmittelbaren Unterstützung des Jugendlichen und seiner Eltern auch das Anbieten vielfältiger Krisenintervention, wie beispielsweise die Organisation und Durchführung von U-Haftvermeidung, die Initiierung und Durchführung sozialpädagogischer Hilfen, beispielsweise sozialpädagogische Gruppenarbeit, Trainingskurse, formelle Betreuung, Täter-Opfer-Ausgleich und/oder Schadenswiedergutmachung, um die Strafe zu minimieren und gleichzeitig den erzieherischen Nutzen zu erhöhen. Auch innerhalb der verfahrensbegleitenden Aufgaben sind, um die Forderungen und Aufgaben gewährleisten zu können, die Bildung von kooperativen Netzwerken unumgänglich und daneben ist auch noch eine verstärkte Öffentlichkeits- – und Präventionsarbeit gefordert, um scheinbar die allgemeine Stellung der JGH in der Gesellschaft zu fördern. Die speziellen Arbeitsgebiete der JGH, die sich aus allen drei Typen von Rechten ergeben, sind folglich:

1. die Prophylaxe

2. beraterische Tätigkeiten

3. Diversion

4. Aktivitäten zur Haftvermeidung, sowie der Haftbetreuung und Haftverkürzung

5. Begleitung der Hauptverhandlung

6. Überwachung der Erfüllung von Aufgaben und Weisungen

7. Bewährungshilfe und Strafvollzug

---

[23] vgl. Jugendrecht 2004, § 65 Abs. 1 Satz 2.
[24] vgl. Jugendrecht 2004, § 87 Abs. 3 Satz 4.
[25] vgl. Otto & Thiersch 2006, S. 869.

Resümierend zeigt sich, dass die JGH eine verfahrensrechtlich schwache und strukturell widersprüchliche Stellung innerhalb des Strafverfahrens einnimmt, da sämtliche Aufgaben und Rechte, die dieser Instanz zugesprochen werden, ebenso von anderen, eh schon am Verfahren beteiligten, Experten erfüllt werden können.[26] Besonders prekär ist das doppelte Mandat der JGH, welches, wenn man es nicht explizit nebeneinander stellt, kaum ersichtlich ist. Einerseits soll die JGH als Ermittlungsinstanz des Gerichts die Persönlichkeit und Lebensverhältnisse des Jugendlichen darstellen, was allerdings nur möglich ist, sofern es der Jugendgerichtshilfemitarbeiter schafft, eine Vertrauensbasis zum Klient herzustellen. Andererseits stellt sich die Frage, warum der Jugendliche sich gegenüber einer Instanz einlassen sollte, die vor Gericht kein Verweigerungsrecht hat und deshalb auch solche Inhalte offen legen muss, die ihnen im Vertrauen mitgeteilt wurden.

Ob die soeben aufgeführten Rechte der JGH ausreichend sind, um der gesetzlichen Auftragslage gerecht werden zu können, hängt maßgeblich davon ab, was für eine Funktion der JGH innerhalb des Strafverfahren gegen den Jugendlichen beigemessen wird, was im nächsten Gliederungspunkt herausgearbeitet werden soll.

## II. 3. Die Funktion der Jugendgerichtshilfe

Wie bereits erwähnt spielt die JGH als Informationsinstanz eine entscheidende Rolle bei der Findung des Strafmasses, allerdings sollte ihr ein Zeugnisverweigerungsrecht zugestanden werden, damit sie ihre eigentliche Funktion, nämlich Sozialanwalt und Beistand des Jugendlichen zu sein, erfüllen kann. Die Rechtsgrundlage dahingehend zu überarbeiten, dass die JGH in erster Linie Hilfe für den Jugendlichen, sprich Hilfe vor Gericht ist, wird allerdings abgelehnt, da die JGH dann ihre Aufgaben als Prozesshilfeorgan eigener Art nicht mehr wahrnehmen könnte.

Eine weitere wichtige und zunehmend an Bedeutung gewinnende Leistung der „Ermittlungsinstanz" besteht in der Diversion, was die Vermeidung von Straftaten meint, und im § 52 Abs. 2 Satz 2 SGB VIII geregelt ist. Ausgehend von der vor ca. 100 Jahren aufgestellten Behauptung Franz Liszts, dass eine Rückfallswahrscheinlichkeit vermieden werden kann, wenn man den Täter laufen lässt und der Bestätigung dieser Annahme durch die sozialwissenschaftliche Forschung, die behauptet, dass das Jugendstrafverfahren mit seiner stigmatisierenden Wirkung mehr Schaden als Nutzen bei den Jugendlichen verursacht, soll die JGH in geeigneten Fällen Funktionen ausüben, die zur Einstellung von

---

[26] vgl. Müller 2001, S. 114.

Strafverfolgungsmaßnahmen führen; zumal es in der Praxis immer noch fragwürdig ist, ob auf abweichendes jugendliches Verhalten mit Strafe reagiert werden sollte.[27]

Die Unwissenheit darüber, wie mit den Delinquenten angemessen verfahren werden sollte, spiegelt sich auch in den aktuellen Diskussionen wieder, die in erster Linie darauf abzielen, die Strafmündigkeitsgrenze auf 16 Jahre anzuheben und Jugendliche bis zum 18 Lebensjahr ganz unter den erzieherischen Gedanken der Jugendhilfe zu stellen. Demgegenüber werden aber auch Stimmen laut, die sich für eine Herabsetzung der Strafmündigkeit auf 12 Jahre einsetzen und dies mit der (angeblich) ständig steigenden Kriminalitätszahl legitimieren wollen. Die Gegeninitiative zu beiden Forderungen liefert das Bundesland Bayern, indem es weder für eine Herauf-, noch für eine Herabsetzung plädiert, sondern die Erziehungskompetenz der Familiengerichte ausweiten will.

„Die JGH als Teil der Jugendhilfe wird sich gegenüber dieser (oft angeregten) Diskussion auf ihren Auftrag besinnen, junge Menschen in ihrer Entwicklung zu fördern (§ 1 Abs. 1 SGBVIII) und zu positiven Lebensbedingungen für sie beizutragen (§ 1 Abs. 3 Nr. 4 SGBVIII). Normverdeutlichung mit sensibler Hand, schließt dies durchaus ein."[28]

Davon ausgehend stellt sich die Frage, wie die JGH mit „sensibler Hand" auf den Jugendlichen einwirken kann, weshalb nun die erzieherischen Maßnahmen der JGH und deren Wirkung zu thematisieren sein werden.

## II. 4. Die erzieherischen Maßnahmen der Jugendgerichtshilfe und deren Wirkung

Seit der Geburt der JGH ranken sich um sie Diskussionen, die auf das Verhältnis zwischen Erziehen und Strafen abzielen, denn der Erziehungsbegriff des JGG ist lediglich ein strafrechtliches Konstrukt, mit dem sich die erzieherischen Hilfen weder begründen noch legitimieren lassen, sodass die daraus folgende Assoziation „Erziehung durch Strafe" zu einer Fehlinterpretation führt, von der man sich aber zunehmend löst, denn die JGH soll nicht zum Straf- und Erziehungsorgan mutieren, sondern in erster Linie ein Hilfeangebot, insbesondere vor Gericht, „ [...] für den noch in der Entwicklung befindlichen jungen Menschen"[29] sein. Im Vordergrund der jugendhilfegerichtlichen Aufgaben steht deswegen, mit den Jugendlichen zusammen konstruktive Lösungsansätze und daraus folgende mögliche Lebensperspektiven zu entwickeln, unter Berücksichtigung der aktuellen Lebenslage und vorhandener einsetzbarer Ressourcen. Ersichtlich durch eben Genanntes offenbart sich, dass die JGH nur auf zweiter Ebene eine Dienstleistung für die Justiz als Berater im Rahmen von interdisziplinärer und

---

[27] vgl. Fieseler 2005, S. 260.
[28] vgl. Fieseler 2005, S. 261.
[29] vgl. Trenczek 2003, S 40.

institutioneller Kooperation ist, ohne sich dabei von ihren jugendhilfegerichtlichen Handlungsauftrag zu lösen, der natürlich in erster Linie darin besteht, zu schützen, zu fördern und zu unterstützen und dies primär durch die Beratung, Betreuung und Unterstützung der Straffälligen und ihrer Eltern.

Die Jugendgerichtshilfemitarbeiter übernehmen eine große Verantwortung, da sie sowohl Beratungs-, als auch Filterfunktionen ausüben, um so den Jugendlichen zu helfen, trotz eines (eventuell) bevorstehenden Strafverfahrens, zu einer weitgehend eigenverantwortlichen Entscheidung zu gelangen, sodass eine Strafverkürzung, beziehungsweise Absehung von einer Strafverfolgung erwägenswert wäre. Als erzieherische Maßnahmen, die zu einer Aussetzung der Strafe führen können, kommen in Betracht:

Erstens die so genannten Weisungen, die auch als Erziehungsmaßregeln bezeichnet werden und die Lebensführung regeln und somit die Erziehung fördern und sichern. Zu den Weisungen zählt beispielsweise der soziale Trainingskurs, der nach § 10 JGG verhängt werden kann und die Teilnahme an einer Art Gruppenarbeit, bei der Jugendliche und Heranwachsende mit den verschiedensten Problemen anzutreffen sind. Dem Jugendlichen wird innerhalb der Gruppenarbeit nicht nur Raum gegeben, um über sein Fehlverhalten nachzudenken, sondern er lernt gleichzeitig, seine Probleme anzusprechen, seine eigenen Stärken und Schwächen zu erkennen, in Konfliktsituationen angemessen zu reagieren und über die Meinung anderer nachzudenken. Es findet, sofern dieser Lerneffekt bei den Beteiligten erzielt werden kann, eine deutliche Weiterentwicklung statt, sodass die JGH den Erziehungsauftrag verwirklicht hätte.

Ein weiteres, in den Katalog der Weisungen fallendes und in letzter Zeit an Bedeutung gewinnendes, Angebot ist das des Täter-Opfer-Ausgleichs (kurz TOA), welches sowohl an den Täter, als auch an das Opfer adressiert ist und der eigenständigen Bearbeitung der Straftat und ihrer Folgen mit Hilfe eines Mediators dient. Der TOA hat neben der Vermeidung eines zusätzlichen Rechtsstreits den weiteren positiven Effekt, dass die Möglichkeit besteht, den Konflikt eigenverantwortlich darzustellen und (möglichst) aufzulösen, sodass der Täter zum einen Verantwortung übernehmen muss und zum anderen die Möglichkeit hat, aktiv mit seinen eigenen, ihm zur Verfügung stehenden, Mitteln Wiedergutmachung zu leisten. Das Feld von Weisungen umfasst natürlich noch weitaus mehr Angebote, aber auch die Auflagen oder anders gesagt Zuchtmittel sollen Erwähnung finden.

Die Auflagen sind tatbezogene Sühneleistungen und werden verhängt, um dem Jugendlichen das Unrecht seiner Tat eindringlich ins Bewusstsein zu rufen. Der Unterschied zu den Weisungen, die rein im Gedanken der Erziehung stehen, äußert sich dadurch, dass die Auflagen auch das Strafen mit einbeziehen. Zu den Zuchtmitteln zählen beispielsweise die

Schadenswiedergutmachung, Geldauflagen und die Erbringung von Arbeitsleistungen. Darüber hinaus können auch noch Hilfen zur Erziehung beantragt werden, wie beispielsweise Betreuungshelfer, Heimerziehung oder soziale Gruppenarbeit.

Die genannten erzieherischen Maßnahmen der JGH sind zwar gut und schön, doch bringen auch sie nichts, wenn sich der Straftäter querstellt und die Annahme von Hilfe verweigert. Doch auch dieses Problem hat unser Rechtsstaat gelöst, indem er so etwas wie Auflagen und Weisungen überhaupt einführte, die der Jugendliche zu erfüllen hat, da ansonsten bis zu vier Wochen Dauerarrest in Betracht kommen. Problematisch ist nur, dass der erzieherische Anspruch dabei komplett verloren geht, denn Erziehung sollte nicht mit Zwang verbunden sein, sondern auf Freiwilligkeit beruhen, was genau das große Dilemma ausmacht – die Kluft zwischen Freiwilligkeit und Zwang – und somit nur eine von vielen Grenzen der JGH verbildlicht.

## II. 5. Die Grenzen der Jugendgerichtshilfe

Im folgenden Kapitel soll versucht werden, auf der Basis des bisher Erarbeiteten die Grenzen der JGH aufzuzeigen. Da eine Vielzahl von solchen Defiziten gegeben ist, erfolgt eine Zergliederung in:

1. die finanziellen

2. die zeitlichen

3. die fachliche Kompetenz betreffende

4. das Zeugnisverweigerungsrecht angehende und letztendlich

5. das Problem zwischen Erziehung und Strafe sowie der Überwindung der Kluft zwischen Freiwilligkeit und Zwang thematisierende Grenzen.

### II. 5. 1. Die finanziellen Grenzen:

In Bezug auf die finanziellen Schwierigkeiten wird in der Literatur kaum etwas genannt. Lediglich Thomas Trenczek erwähnt in seinem Buch „die Mitwirkung der Jugendhilfe im Strafverfahren – Konzeption und Praxis der JGH", dass „[...] die Gefahren durch Finanzprobleme der kommunalen Haushalte und den damit einhergehenden Begehrlichkeiten einer für Jugendhilfebelange häufig nicht sensiblen Verwaltungsspitze drohen."[30] Vergegenwärtigt man sich, dass die JGH nach § 3Abs. 3 Satz 1 KJHG eine „andere Aufgabe" von Trägern der öffentlichen Jugendhilfe darstellt, so macht diese Aussage darauf aufmerksam, dass, bevor wertvolles Geld in die „anderen Aufgaben" investiert wird, zunächst einmal die Hauptpflichten der Jugendhilfe bevorzugt sind; doch diese müssen ebenfalls mit

---

[30] vgl. Trenczek 2003, S 12.

11

kärglichen Geldern auskommen, da der kommunale Haushalt es vorzieht, in andere (dienlichere) „Projekte" zu investieren, anstatt in die Zukunft, die in den Händen der Jugend liegt. Abgesehen von finanziellen Nöten leiden die Jugendgerichtshilfemitarbeiter unter einem enormen Zeitdefizit.

## II. 5. 2. Die zeitlichen Grenzen:

Die Aufgaben der Jugendgerichtshilfemitarbeiter erstrecken sich über ein weites Feld von Hilfeleistungen, die sowohl für die Organisation, als auch bei der Durchführung sehr viel Zeit beanspruchen. Neben Betreuung, Beratung, Erstellung eines Persönlichkeitsprofils und der eventuellen Einleitung von Erziehungsmaßnahmen soll noch die Zeit bleiben, die Jugendlichen im Strafvollzug und bei der Wiedereingliederung in die Gesellschaft zu unterstützen. In anderen Disziplinen gibt es für jede der genannten Tätigkeiten eine separate Anlaufstelle, der Jugendgerichtshilfemitarbeiter aber soll es schaffen, dies alles in einer Person zu kompensieren und dann auch noch mehrere, individuell verschiedene Personen zu betreuen, wobei die Zahl der Fälle sogar bis zu zweihundert im Jahr betragen kann. Es stellt sich mir dann ernsthaft die Frage, wie der Jugendliche angemessen beraten und betreut werden kann, wenn sein Gegenüber, um allen seiner Schützlinge halbwegs angemessen gerecht zu werden, nur „fünf Minuten" für ihn eingeplant hat. Genau deswegen ist es nicht verwunderlich, dass die Zusammenarbeit zwischen Jugendlichen und Jugendgerichtshilfemitarbeiter häufig nur auf ein einmaliges Gespräch, welches der Erstellung des gerichtlichen Berichts dient, beschränkt ist, denn für weitere (geforderte) Aktivitäten, wie beispielsweise der Besuch im Strafvollzug, bleibt in der Praxis kein Platz. Das zeitliche Manko wirkt sich aber nicht nur negativ für den Klienten aus, sondern wirft ebenso ein schlechtes Licht auf die JGH, selbst in Bezug auf ihre fachlichen Kompetenzen.

## II. 5. 3. Die Grenze der fachlichen Kompetenzen:

Aufgrund des negativen zeitlichen Faktors basiert der aus Behauptungen zusammengestückelte Bericht der JGH auf einem einmaligen Gespräch. Nach Abschluss der Konsultation maßt sich der „Ermittler" an, die Persönlichkeit und Lebensverhältnisse des Jugendlichen aufgedeckt zu haben und präsentiert dieses lapidare, pädagogisch nichts sagende und wertlose Schriftstück, welches aus Thesen und Vermutungen über (angeblich) vorhandene Erziehungsdefizite besteht und in den meisten Fällen keinerlei Angaben darüber macht, inwieweit der attestierte Erziehungsnotstand etwas mit der vorliegenden Tat zu tun hat, dem Gericht, das darauf vertrauend ein Urteil über den Straftäter fällt.

Aber nicht nur die mangelnde Qualifikation des Berichts erweckt den Eindruck von fachlicher Inkompetenz. Darüber hinaus beantwortet sie (die JGH) die Frage nach sittlicher und geistiger

Reife des Jugendlichen (die schon aufgrund dessen, das es keine verbindlichen und verlässlichen Kriterien gibt, ausgesprochen schwierig ist) sehr floskelhaft, indem sie das Vorhandensein von Reife bejaht, sofern keine pathologischen Befunde vorliegen. Fazit: die JGH verschleiert häufig ihre fachliche Inkompetenz, indem sie auf pragmatische Weise bejaht, was zu beweisen und begründen wäre und im Zweifelsfall eine abschließende Beurteilung den psychiatrischen/psychologischen Gutachtern überlässt, da diese mit der Feststellung und Begründung von sittlicher und/oder geistiger Unreife weniger Probleme zu haben scheinen, folglich kompetenter sind.[31]

Dennoch nimmt die JGH als Ermittlungsinstanz im Strafrecht als auch im Jugendstrafrecht eine Art Schlüsselrolle ein, da sie sich über die Reife, Tateinsicht, etc. äußert und in der Regel auch Stellung dazu bezieht. Aber des Öfteren trifft das Gericht aufgrund des eigenen Eindrucks in der Hauptverhandlung eine andere, als die von der JGH vorgeschlagene, Entscheidung, die es natürlich noch seltener begründet. Ungewiss scheint deswegen zu sein, ob die JGH von den Gerichten ernst genommen wird, oder nicht. Siegfried Müller erwähnt diesbezüglich in seinem Buch „Erziehen – Helfen – Strafen", dass der JGH bestenfalls eine Bedeutungslosigkeit im gerichtlichen Entscheidungsprozeß attestiert werden kann[32], was bedeuten würde, dass, selbst wenn sie im Verfahren gehört wird, der Inhalt ihrer Berichterstattung nicht von Relevanz ist und das Gericht ebenso gut auf ihre „Ermittlerinstanz" verzichten könnte.

Darüber hinaus ist die Teilnahme der JGH am Strafprozess vor allem für die Verhandlungsposition des Jugendlichen häufig nachteilig, da diese aufgrund von Vorurteilen seitens der JGH abgeschwächt wird und somit die Wahrscheinlichkeit einer informellen Erledigung sinkt. Begünstigt wird die Bestätigung dieser Aussage vor allem durch das nicht vorhandene Zeugnisverweigerungsrecht der Jugendgerichtshilfemitarbeiter.

<u>II. 5. 4. Das Dilemma des fehlenden Zeugnisverweigerungsrechts:</u>

Anders als anderen Verfahrensbeteiligten steht es der JGH nicht zu, die Aussage zu verweigern, beziehungsweise zu Teilaspekten, die ihnen der Jugendliche im Vertrauen mitteilte, zu schweigen, was bedeutet, dass sie alles, was sie während ihrer „Ermittlertätigkeit" erfahren hat, offen legen muss. Natürlich weiß weder der Richter, noch der Staatsanwalt, wie das Gespräch abgelaufen ist, noch was der Inhalt war, sodass es ein leichtes wäre, gewisse Sachverhalte Außen vor zu lassen. Doch es liegt ja bekanntlich nicht im Ermächtigungsbereich der JGH, zu entscheiden, welche Aspekte von Relevanz sind und welche getrost verschwiegen werden können, sodass folglich alles preisgegeben wird. Dass

---

[31] vgl. Müller 2001, S 100.
[32] vgl. Müller 2001, S 105.

dieses Verhalten in den meisten Fällen zu Lasten des Angeklagten geht, scheint dabei keine Rolle zu spielen. Nicht nur sein Vertrauen wird missbraucht, insofern er kooperativ mit der JGH zusammenarbeitet, in der Hoffnung, dass diese ihn vor Gericht unterstützt, sondern darüber hinaus wird das Urteil über den Jugendlichen (eventuell) negativ begünstigt, sodass sich die Frage stellt, ob eine Teilnahme der JGH am Jugendstrafverfahren überhaupt so günstig für den Jugendlichen ist, zumal ihr im vorhergehenden Abschnitt ja ohnehin schon eine Belanglosigkeit vor Gericht attestiert wurde.

In Anbetracht der Literaturrecherchen kann davon ausgegangen werden, dass die JGH an sich wertlos, zumindest für den Jugendlichen, ist, es sei denn, ihr würde ein Zeugnisverweigerungsrecht eingeräumt. Das Problem, das sich aber aus dieser Forderung ergibt, ist zum einen die Beliebigkeit, was bedeutet, dass es der JGH einerseits frei steht, bei wem und in welcher Art und Weise sie Angaben macht, egal ob positiv oder negativ für den Schützling. Andererseits wird ihre Glaubhaftigkeit gesenkt und sie verliert ihren Staus als Prozessorgan eigener Art. Darüber hinaus ist man der Meinung, dass „[…] die Einführung eines Zeugnisverweigerungsrechts für die JGH mit den Wegfall der (ihr aufgebürgten) Ermittlungsfunktion (bei der fraglich ist, ob sie diese je wollte) zu teuer erkauft wäre."[33]

## II. 5. 5. Die Grenzziehung zwischen Erziehen und Strafen oder die Kluft zwischen Freiwilligkeit und Zwang:

Das wohl schwerwiegendste Defizit, mit dem die JGH zu kämpfen hat, ist, dass sie eine Zwischenstellung zwischen Erziehung und Strafe einnimmt. Auf der einen Seite soll sie zu Gunsten des Jugendlichen erzieherische Maßnahmen in die Wege leiten, anhand derer er neben der Einsicht in die Falschheit seiner Tat noch den positiven Aspekt der besseren „Menschwerdung" hat, andererseits aber stellt bereits eine solche Maßnahme eine Strafe für den Klienten dar, da er in seiner Freiheit beschnitten wird.

Was will also die JGH? Erziehen? Strafen? Erziehen durch Strafe? Erziehung als Strafe oder vielleicht sogar Strafen als Erziehung? Irgendwie scheint sie Nichts von alledem und zugleich doch Alles zu verfolgen.

Die schon häufig erwähnte Undefiniertheit des Aufgabenbereiches der JGH scheint bei dieser Betrachtung abermals das Ausgangsproblem zu sein. Die JGH soll betreuen, beraten und unterstützen, sowie gegebenenfalls erforderliche Hilfemaßnahmen organisieren und einleiten, was durchaus mit einer erzieherischen Absicht verknüpft ist. Die Ermittlung der Lebensverhältnisse und die Erstellung einer Persönlichkeitsanalyse aber dienen vorrangig der Findung eines Strafmaßes vor Gericht. Die JGH sitzt also aufgrund der im § 38 JGG festgehaltenen Rechte sprichwörtlich zwischen den Stühlen von Pädagogik und Justiz,

---

[33] vgl. Fieseler 2005, S. 259.

allerdings mit Blick auf Zweitgenannte. Die Begründung der größeren Nähe zur Justiz ist einfach. Als Prozesshilfeorgan eigener Art soll sie nicht nur den Jugendlichen, sondern mehr oder minder auch das Gericht unterstützen. Dies tut sie, indem sie Persönlichkeit und Leben des Delinquenten vorstellt, anstatt es ihm selber zu überlassen, und ein Urteil über seine geistige und sittliche Reife fällt. Basierend auf der Berichterstattung und des eigenen Eindrucks in der Hauptverhandlung wird dann entschieden, wie mit dem Täter zu verfahren sei. Ihm wird also eine Strafe auferlegt. Natürlich kann die Strafe dem erzieherischen Gedanken unterstellt sein, dennoch bleibt es eine solche, sodass die JGH demnach Erziehung durch Strafe leistet.

Aber gegen diese These müssen indirekt auch Einwände erhoben werden, denn „[...] die Sanktionsbeliebigkeit ist jedoch nicht grenzlos. Sie ist nach oben limitiert durch die Deliktschwere und nach unten offen durch die Vorrangigkeit von erzieherischen Maßnahmen und die Möglichkeit einer informellen Erledigung des Strafverfahrens."[34] Erziehung scheint nach diesem Zitat eine Sanktion zu sein, wird aber aufgrund des erzieherischen Gehalts nicht der Sanktionsdefinition im eigentlichen Sinne gerecht. Selbst wenn man dieser Aussage zustimmt und Erziehung nicht als Strafe ansieht, bleibt offen, ob Überpädagogisierung nicht vielleicht eine „dauerhaft, schädliche" Strafe ist. Die Unmenge an Erziehungsangeboten ist zwar in manchen Fällen hilfreich, doch wenn sie gehäuft auf ein einzelnes Individuum zur Sühneleistung angewandt werden, ist die Nützlichkeit, als auch der erwünschte erzieherische Aspekt fraglich, zumal die Ableistung der Angebote immer noch unter der Option zu Strafen stehen.

Darüber hinaus, so heißt es in der einschlägigen Literatur, sind „[...] die nach dem JGG „angeordneten" Hilfen zur Erziehung [ist] quantitativ Bedeutungslos, die Wiedergutmachung ist auf einen niedrigen Niveau stabil und die „neuen ambulanten Maßnahmen" (Täter-Opfer-Ausgleich, soziale Trainingskurse, Betreuungsweisungen, Arbeitsweisungen) sind aus ihren Nischendasein bisher nicht herausgekommen. Dies ist aus sozialpädagogischer Sicht wenig ermutigend, weil gerade diese Maßnahmen die Möglichkeit bieten, die Gedanken der Wiedergutmachung, Konfliktschlichtung und Normverdeutlichung praktisch werden zu lassen und dies jenseits aller Spekulationen über die sozialisatorischen Defizite Jugendlicher."[35] Warum dies so ist, fragt man sich? - ganz einfach: aufgrund der Strafabsicht und der Unfreiwilligkeit des Jugendlichen, der die Ableistung von Arbeitsstunden, TOA, soziale Trainingskurse etc. als „Muss" erlebt, um Dauerarrest oder anderen „pädagogischen Maßnahmen" zu entfliehen. Folglich ist das Festhalten am Erziehungsgedanken des JGG problematisch, soweit Straffälligkeit per se als Anlass dafür genommen wird, die vermeintlich

---

[34] vgl. Müller 2001, S. 102.
[35] vgl. Müller 2001, S. 103f.

in ihr zum Ausdruck gekommenen Defizite in der jugendlichen Biografie mit den Mitteln des Jugendstrafrechts erzieherisch aufzuarbeiten.[36]

Es wird deutlich, wo das Problem liegt, nämlich in der Tat in der Gesetzeslage selbst. Sobald etwas gesetzlich verankert, sprich Pflicht ist, ist Erziehung nahezu unmöglich, da Erziehung dann auf Zwang basiert und eine aufrechtzuerhaltende Entwicklung des Jugendlichen nicht gewährleistet werden kann, sobald der Druck nachlässt, sodass zuerst, bevor man sich erneut dem Dilemma zwischen Erziehen und Strafen widmen dürfte, eine Ausbalancierung der Kluft zwischen Freiwilligkeit und Zwang stattfinden müsste, was nicht ohne Weiteres möglich ist. Kaum ein Jugendlicher würde freiwillig ohne Entlohnung Arbeiten gehen, geschweige denn Zeit in soziale Gruppenarbeit investieren, folglich herrscht immer ein gewisser Zwang vor. Doch wie kann dies überwunden werden? – rein theoretisch gar nicht, es sei denn, man lässt das Ableisten von Weisungen und Auflagen zur Freiwilligkeit verkommen, zu Ungunsten des Anspruchs, Strafen zu wollen, wodurch allerdings vermutlich die Kriminalitätsrate ins Unermessliche ansteigen würde, was ja auch nicht Sinn und Zweck der Sache ist.

Was soll man also tun? Eigentlich liegt die Antwort auf der Hand und fand auch schon häufiger Erwähnung. Der Erziehungsanspruch muss aus dem JGG eliminiert werden. Somit liegt nur noch die Absicht des Strafens vor und wenn sich dies zugleich positiv auf die Entwicklung des Straftäters auswirkt, umso besser. Doch es sollte nicht auf Biegen und Brechen auf diesen Anspruch hingearbeitet werden, denn eine Zwangspädagogisierung führt zu nichts, außer zur Verstümmelung des Jugendlichen im Hinblick auf selbstinitiiertes geistiges Wachstum und Beschneidung der individuellen Freiheit und Freiwilligkeit, ohne die Lernprozesse häufig so oder so scheitern.

## III. Schluss

Die Liste der Grenzen könnte bestimmt noch um einzelne Fakten erweitert werden, doch es soll genügen, die Wichtigsten angesprochen zu haben, vor allem die, die das Ausmaß des Dilemmas, welches schier unüberwindbar zu sein scheint, verdeutlichen.

Die Frage nach der Zukunft der JGH gestaltet sich als schwierig, da sie auf einer großen, kaum überschaubaren Menge an negativen Grenzen beruht, die vermutlich dazu führen, dass man gewillt ist, zu sagen, man brauche die JGH nicht. Diese Aussage kann vor allem wegen des strukturellen Widerspruchs von sozialpädagogisch begründetem Helfen und kriminalpolitischem Strafen schnell und einfach gefällt werden, da die JGH ihren inneren Bruch, der sich aus der Sonderstellung zwischen den beiden Instanzen ergibt, wirklich nur

---

[36] vgl. Trenczek 2003, S. 40.

dann zu überwinden vermag, wenn entweder die Gesetzeslage verändert wird, insbesondere in Bezug auf das Zeugnisverweigerungsrecht, was gleichfalls aber auch wieder nachteilig für die JGH wäre, da ihr der Status als Prozesshilfeorgan eigener Art abgesprochen wird und dies „zu teuer erkauft" wäre. Oder aber die JGH stützt sich ausschließlich auf die im KJHG verankerten Aufgaben und Pflichten, mit Hilfe derer es der „Ermittlungsinstanz" möglich wäre, sich aus dem Souterrain der Justiz zu lösen und so nur noch ausschließlich ihren primären Anspruch, nämlich den Jugendlichen zu helfen, zu verfolgen.[37]

Es zeigt sich, dass die JGH ihre Existenz in einem Spannungsfeld, in dem verschiedene Diskurse mit je eigenen Logiken und differenten Konsequenzen vorliegen, überwinden muss, zu Gunsten einer Loslösung von der Doppelagentenrolle, die nicht in der Lage ist, zu verdeutlichen, dass die JGH einen eigenständigen und justizunabhängigen sozialpädagogischen Auftrag hat, nämlich einen in Erscheinung getretenen Jugendlichen zu helfen, zu beraten und zu betreuen und ihm durch erzieherische Maßnahmen zur Entwicklung einer gesellschaftsfähigen Persönlichkeit zu verhelfen. Eine Patentlösung zur Überwindung des in dem Arbeitsfeld aufgetretenen Dilemmas, welches nicht nur die Möglichkeit einer Besserung einschließt, kann nicht gegeben werden.

Um das Ansehen der JGH zu steigern und so ihre Zukunftserwartungen positiv zu begünstigen, wäre es hingegen wünschenswert, eine stärkere Hinwendung zum Jugendlichen anzustreben, was nur realisierbar ist, wenn die Zahl der Fälle pro Jugendgerichtshilfemitarbeiter minimiert wird und die JGH vor Gericht als eine, nicht nur die Interessen des Gerichts vertretende, Instanz respektiert wird.

Nur wenn die JGH in der Lage ist, als Teilorgan der Jugendhilfe die Ansprüche dieser in Zukunft besser zu verfolgen, sprich ihren Blick von der Justiz mehr auf die Pädagogik zu lenken und die Einleitung erzieherischer Maßnahmen mehr wahrzunehmen, hat sie die Möglichkeit, ein Dasein außerhalb einer justizverseuchten Erziehung oder erziehungsgeprägten Justiz zu führen.

---

[37] vgl. Müller 2001, S. 97.

## V. 1. Statistische Erhebung

| Jahr Personengruppe | Insgesamt | Und zwar verurteilt zu | | | | | | | | | | | |
|---|---|---|---|---|---|---|---|---|---|---|---|---|---|
| | | Jugendstrafe | | | | Zuchtmitteln | | | | Erziehungsmaßregeln | | | |
| | | zusammen | 6 Monate (Mindeststrafe) bis 1 Jahr | mehr als 1 Jahr | unbestimmte Zeitdauer[185] | zusammen | Jugendarrest | Auferlegung besonderer Pflichten | Verwarnung nach § 14 JGG | zusammen | Heimerziehung | Erziehungsbeistandschaft | Erteilung von Weisungen |
| 1980 Jugendliche | 80.424 | 6.158 | 4.690 | 1.289 | 179 | 76.663 | 17.085 | 26.748 | 32.830 | 32.876 | 129 | 334 | 32.413 |
| Heranwachsende | 52.225 | 11.824 | 8.081 | 3.625 | 118 | 50.452 | 10.098 | 25.949 | 14.405 | 8.436 | 4 | 5 | 8.427 |
| 1990 Jugendliche | 34.684 | 3.311 | 2.215 | 1.072 | 24 | 26.728 | 6.225 | 7.933 | 12.570 | 19.546 | 26 | 104 | 19.416 |
| Heranwachsende | 42.590 | 8.792 | 5.309 | 3.454 | 29 | 36.779 | 6.560 | 18.034 | 12.185 | 13.315 | 4 | 25 | 13.286 |
| 1995[186] Jugendliche | 37.668 | 4.473 | 2.750 | 1.722 | X | 40.703 | 6.838 | 21.646 | 12.219 | 8.921 | 44 | 137 | 8.740 |
| Heranwachsende | 39.063 | 9.408 | 5.140 | 4.268 | X | 37.615 | 6.115 | 21.253 | 10.247 | 6.124 | 24 | 77 | 6.023 |
| 2000 Jugendliche | 49.510 | 6.226 | 3.746 | 2.480 | X | 56.305 | 9.835 | 30.831 | 15.639 | 11.685 | 61 | 171 | 11.453 |
| Heranwachsende | 44.330 | 11.527 | 5.998 | 5.529 | X | 43.492 | 6.997 | 25.079 | 11.416 | 7.341 | 29 | 86 | 7.226 |
| 2001 Jugendliche | 49.982 | 6.076 | 3.701 | 2.375 | X | 56.418 | 9.648 | 31.837 | 14.933 | 11.875 | 61 | 166 | 11.648 |
| Heranwachsende | 46.693 | 11.646 | 6.211 | 5.435 | X | 45.911 | 7.318 | 26.992 | 11.601 | 8.232 | 18 | 99 | 8.115 |

Abb. Statistisches Jahrbuch 2003 S. 367

In der Statistik ist bis zum Jahre 2001 die Anzahl der Verurteilten Jugendlichen sowie deren Strafzumessung abgebildet. Anhand der Grafik wird deutlich, dass die Anwendung von Erziehungsmaßregel im Vergleich zur Verhängung von Zuchtmittel in allen Jahren deutlich geringer ist, was die Angaben in der Literatur bestätigt, nämlich dass sich das Angebot, welches die JGH zu leiten vermag, im Jugendstrafverfahren noch nicht zur Genüge etabliert hat.

## V. 2. Aktuelle Diskurse

Um dem interessierten Leser die Möglichkeit zu geben, sich über die aktuellen Entwicklungen in Bezug auf die Änderung des Strafmündigkeitsalters zu informieren, seien an dieser Stelle zwei Artikel beigefügt.

## 1. Keine Kinderstaatsanwälte! DVJJ lehnt Senkung des Strafmündigkeitsalters ab

## Fachverband verbittet sich Nachhilfe für Richter

Hannover – Zu den Forderungen nach einer Absenkung des Strafmündigkeitsalters erklärt der Vorsitzende der DVJJ, Professor Bernd-Rüdeger Sonnen: „Es ist gut, dass wir in Deutschland eine Strafmündigkeit erst ab 14 Jahren haben.

Hannover – Zu den Forderungen nach einer Absenkung des Strafmündigkeitsalters erklärt der Vorsitzende der DVJJ, Professor Bernd-Rüdeger Sonnen: „Es ist gut, dass wir in Deutschland eine Strafmündigkeit erst ab 14 Jahren haben. Die Forderung nach einer Absenkung auf zwölf Jahre ist ein unbedachter Irrläufer und schafft mehr Probleme, als sie löst. Polizei, Jugendhilfe und Familiengerichte sind schon jetzt mit ausreichenden und sachgerechteren Reaktionsmöglichkeiten ausgestattet.“

Außerdem verwahrte sich Sonnen gegen die Richterschelte, dass Jugendrichter nicht ausreichend häufig vom Erwachsenenstrafrecht Gebrauch oder zu Milde urteilen würden: „Unsere Jugendrichter machen einen guten Job. Sie brauchen keine Nachhilfe, am wenigsten von wildgewordenen Wahlkampf-Rambos.“

Sonnen verweist darauf, dass eine Absenkung der allgemeinen Strafmündigkeit eine nicht mehr zu bewältigende Arbeitsbelastung für die Strafverfolgungsbehörden zur Folge hätte: sie müssten dann nämlich auch jede altersgemäße, normale Kinder-Rauferei strafrechtlich verfolgen und in jedem Einzelfall begutachten, ob die strafrechtliche Schuldfähigkeit gegeben ist.

Die Schuldfähigkeit liegt vor, wenn der Täter das Unrecht der Tat einsehen konnte (Unrechtseinsichtsfähigkeit) und in der Lage gewesen wäre, sich entsprechend zu verhalten (Steuerungsfähigkeit). Kinder sind in ihrer kognitiven und sozialen Entwicklung regelmäßig noch nicht so weit, dass Schuldfähigkeit vorliegt. Auch bei Jugendlichen kann dies fraglich sein und muss daher in jedem Jugendstrafverfahren festgestellt werden (§ 3 JGG).

Sonnen weiter: „Massive Delinquenz kann auf erzieherische Defizite hinweisen. Hier kann die Jugendhilfe Angebote und notfalls auch mit dem Familiengericht für verbindliche Weisungen sorgen oder gar einen Sorgerechtsentzug erreichen. In ganz schwierigen Fällen kann dann eine Unterbringung in einem Jugendheim erfolgen.“

## 2. Mehr als 1000 Praktiker und Wissenschaftler gegen Verschärfung

Hochschullehrer, Richter, Staatsanwälte, Rechtsanwälte, Ärzte und Fachkräfte der Jugendhilfe, aus der Polizei und dem Jugendstrafvollzug sprechen sich gegen Verschärfungskampagne aus.

HANNOVER - Mehr als 1000 Hochschullehrer, Richter, Staatsanwälte, Rechtsanwälte und Fachkräfte der Jugendhilfe, aus der Polizei und dem Jugendstrafvollzug unterstützen eine Resolution gegen die Verschärfung des Jugendstrafrechts.

Die Resolution stammt von dem Konstanzer Kriminologen Professor Wolfgang Heinz. Die Resolution widerlegt sachlich und fundiert die Notwendigkeit und Sinnhaftigkeit der gegenwärtig geforderten Verschärfungen des Jugendstrafrechts.

Die Unterzeichner kommen aus allen Berufsgruppen, die im Jugendstrafverfahren arbeiten und haben sich innerhalb einer ausgesprochen knappen Frist von etwas mehr als einem Tag bei der DVJJ per Email zur Unterstützung gemeldet.

# IV. Literaturverzeichnis

1. Deisenhofer, A. & U. (2004): Jugendrecht. München: Taschenbuchverlag.

2. Ev, L. (1993): Jugendgerichtshilfestatistik – Methodik- Analysen- Perspektiven. Neuwied u.a.: Luchterhand.

3. Fieseler, G./ Herborth, R. (2005): Recht der Familie und Jugendhilfe – Arbeitsplatz Jugendamt/Sozialer Dienst. München: Luchterhand.

4. Laubenthal, K. (1993): Jugendgerichtshilfe im Strafverfahren. Köln u.a.: Carl Heymanns Verlag KG.

5. Müller, S. (2001): Erziehen- Helfen- Strafen – Das Spannungsverhältnis von Hilfe und Kontrolle in der sozialen Arbeit. München: Juventa Verlag.

6. Otto, H./ Thiersch, H. (2006): Handbuch Sozialarbeit Sozialpädagogik. München u.a.: Ernst Reinhardt Verlag.

7. Trenczek, T. (2003): Die Mitwirkung der Jugendhilfe im Strafverfahren – Konzeption und Praxis der Jugendgerichtshilfe. Weinheim u.a.: Beltz Verlag.

8. Walter, M. (2005): Jugendkriminalität eine systematische Darstellung. Stuttgart u.a.: Richard Boorberg Verlag.

9. Wild, P. (1989): Jugendgerichtshilfe in der Praxis. München: Wilhelm Fink Verlag.

10. Zimmermann, K. (2007): Arbeitsfelder der sozialen Arbeit – Die Jugendgerichtshilfe. Leipzig: GRIN Verlag.